EXAMEN

DE LA

CONDUITE POLITIQUE

DE M. LE LIEUTENANT-GÉNÉRAL CARNOT,

DEPUIS LE 1er. JUILLET 1814.

DE L'IMPRIMERIE DE Mme. V^c. PERRONNEAU,
quai des Augustins, n°. 39.

EXAMEN

DE LA

CONDUITE POLITIQUE

DE M. LE LIEUTENANT-GÉNÉRAL CARNOT,

DEPUIS LE 1er. JUILLET 1814;

A PARIS,

Chez les Marchands de Nouvautés.

Octobre 1815.

SECOND VOLUME

DE L'EXPOSÉ

DE LA

CONDUITE POLITIQUE

DE M. LE LIEUTENANT-GÉNÉRAL CARNOT,

DEPUIS LE 1er. JUILLET 1814.

———

Je viens vous aider à vous justifier, et joindre
mes réflexions aux vôtres, pour prouver votre
innocence. Il faut d'abord que je vous observe
qu'on ne distinguera jamais aucun instant de
votre vie politique, parce que vous n'avez jamais dévié de l'opinion que vous avez montrée
contre les têtes couronnées. Ainsi, il ne faut
pas espérer que l'on ira détailler votre existence
politique comme vous détaillez la charte constitutionnelle. Personne ne voudra se donner

cette peine ; et vos momens vertueux , si vous en avez eu , seront confondus et effacés par ceux qui en diffèrent.

Et je vais commencer par vous faire un re-proche bien mérité ; c'est qu'après avoir sage-ment hésité de reprendre la plume , que vous maniez si adroitement , vous avez cédé à cette envie d'écrire , pour écrire , comme vous le dites , sans nécessité, sur les matières politiques, dans l'instant où vous annonciez vouloir vous en abstenir.

Je ne sais pas si vous cherchez à faire parler de vous ou à vous faire oublier ; mais ce der-nier article avait à-peu-près son effet, et l'on commençait à ne plus s'occuper de vous , et je trouvais cela fort heureux pour votre situation. Je vous assure qu'à votre place je me serais con-tenté du témoignage de ma conscience, et aurais méprisé la calomnie , quoiqu'elle eût beaucoup l'air de la médisance , et que ce soit le rôle de presque tous les grands coupables.

Vous qui ne l'êtes pas , avez cru devoir passer outre , mais à tort : coupable ou non , dans la circonstance où vous vous trouvez, l'oubli est le plus heureux des évènemens. En écrivant , vous réveillez l'opinion publique, qui vous confond avec les plus fameux héros, non dans l'art de la guerre, quoiqu'ils soient destructeurs de l'espèce humaine, comme eux, mais les plus illustres perturbateurs du repos public, comme les Robespierre, comme les Marat, les Danton, les Buonaparte, qui a détruit les hommes à grands flots; les Mandrin, l'espèce encore la plus honnête de la bande, les Cartouche, etc. , qui, comme vous, n'ont trouvé d'autres refuges ni d'autres défenseurs que leur conscience, dont ils étaient très-satisfaits, ainsi que de leurs actions, comme vous paraissez l'être des vôtres.

Et pour vous justifier, vous débutez par attaquer l'ordonnance du Roi, du 24 juillet dernier; et présentez vos moyens de défense aux Chambres convoquées, afin de leur apprendre qu'il faut qu'elles s'opposent à cet acte inconstitutionnel qui déroge à la Charte constitutionnelle. Il est vrai que vous ne le faites que dans l'intention de conserver l'estime dont le public impassible vous a honoré, dites-vous, dans toutes vos persécutions de tout genre. Mais on verra bien que c'est pour le mettre en œuvre, ce public impassible; qui vous a en horreur actuellement; et vous comptez sur son amitié. Je veux vous détromper sur cet objet.

Votre public, celui dont vous voulez parler, est mince actuellement; il n'a plus de force, il n'y a plus de payeurs , et l'on ne remue ce public qu'avec de l'argent , et non avec de belles phrases. Si vous voulez réussir, ouvrez les cordons de votre bourse , et priez les ci-devant seigneurs de la cour de Bonaparte de venir à votre secours : vous en trouverez encore quelques-uns qui y viendront.

Revenons au sujet de votre réveil contre l'atteinte que l'on porte, dites-vous, à la Charte constitutionnelle. Vous ne faites pas attention que vous faites la guerre au Roi , en consacrant toutes vos pensées et tous vos vœux au bonheur de votre patrie, qui n'est composée que de votre pauvre individu, de son seul intérêt , de votre chambre , de votre écritoire , et cinq à six de vos semblables qui se joignent à vos vœux. Voilà votre patrie ; c'est un mot actuellement presque vide de sens, et qu'on ne pourra plus faire retentir dans les drames et dans les ouvrages héroïques.

Vous vous opposez à la volonté du Roi , de ce Roi qui ne doit être, à votre gré, qu'un administrateur , et qu'aujourd'hui , pour la première fois, vous qualifiez du titre d'inviolable et de sacré , en le priant de souffrir que vous attaquiez ses ministres. Mais personne n'est la dupe de cette manœuvre , et tout le monde connaît votre

amour pour la personne inviolable et sacrée du
Roi, qui n'est inviolable que dans votre bouche,
et pas du tout dans votre âme, et dont vous dé-
testez les attributs. Vous l'avez assez prouvé
qu'il n'était pas inviolable pour vous, puisque
vous avez osé condamner à mort le meilleur des
Rois et le plus vertueux, dont la France portera
toujours le deuil.

Vous vous défendez sans cesse de fausses
allégations et des impostures. Personne n'est
aveugle, et chacun voit dans votre discours le
contraire de vos expressions dans votre âme.
C'est là la vraie guerre qui se fait actuellement ;
partout l'extérieur et l'intérieur sont toujours en
opposition : l'un exprime ce que l'autre ne sent
pas ; et les yeux, ainsi que l'intelligence, sont
les sentinelles qui gardent notre intérieur, quand
on aborde quelqu'un que l'on ne connaît pas
parfaitement.

Quant à vous, vous êtes connu, et vous pouvez en user à votre aise ; car, quelques phrases
que vous hasardiez, opposées à votre opinion,
il n'est personne qui ne voie le contraire dans
votre âme : ainsi, ne vous gênez pas ; vous
essayeriez en vain de vouloir afficher les prin-
cipes. Et votre note, dans laquelle vous avez eu
soin d'établir que vous n'entendiez point atta-

quer le monarque , qui est inviolable et sacré , mais seulement ses ministres, n'a produit aucun effet. Tout le monde aura vu en vous Ali , le suivant de Zelmire, qui dit en entrant chez Azor : « Le Seigneur de ce lieu est magnifique , il est bon, il est généreux , etc. » Et puis, dit tout bas à Zelmire : « Il faut dire du bien de lui , afin qu'il nous soit favorable ; car il nous écoute : je voudrais bien le voir loin d'ici. »

Je ne sais si vous faites attention qu'une ordonnance du Roi n'est pas une ordonnance de ses ministres, et que sa volonté est une loi pour ses sujets, et qu'ils ne peuvent y trouver à redire sans se rendre coupables , et que cette Charte, qui vous met sans cesse en contradiction avec le Roi , est très-claire , et n'est sûrement pas susceptible d'interprétation , parce que chacun l'interpréterait à son avantage , et ce serait un moulin à discussion, qui nous tiendrait sans cesse en guerre les uns avec les autres. Je voudrais qu'il fût défendu de la mettre en jeu contre les intentions du Roi , qui sont toutes paternelles.

Vous vous récriez sur ce que vous êtes seul compris dans l'ordonnance du 24 juillet. On ne pouvait y comprendre votre ami et collègue Fouché, qui avait du moins eu l'air de travailler à la restauration du trône : peut-être est-ce parce qu'il avait mis en usage des lunettes meilleures que les vôtres , et qu'il avait vu de plus loin que vous les puissances alliées , que vous aviez effectivement annoncées ne pas pouvoir recommencer cette coalition , qui ne pouvait manquer de rétablir notre digne et bon Roi sur le trône ; il a fait, d'après ce qu'il savait, et que vous ne saviez pas , sa cour à l'idole, qu'il a trompé dit-on , sans doute plus adroitement qu'on ne pouvait le présumer, et si bien que j'en ai été la dupe, et que j'ai encore peine à croire qu'il n'ait pas été de bonne foi. Je sais bien qu'il a été un grand coupable ; mais au moins a t-il témoigné son repentir, au lieu que vous vous tenez dans le plus grand endurcissement.

Et puis, vous comptiez sur quelque miracle de la part de votre aventurier Buonaparte, que vous adoriez, et dont vous n'aviez jamais connu l'incapacité.

Vous, fier, arrogant, voulant toujours avoir raison contre l'évidence, et voulant primer sur tout ce qui vous entoure, qui ne doit pas être bien considérable à présent, et primer sur tout l'univers si vous le pouviez, vous ne parviendrez jamais à persuader personne ; vous n'arriverez jamais au but que vous vous proposez : ce n'est point là la manière de réussir. Il faut masquer

son caractère quand il est de la nature du vôtre.
Soyez plus sage et plus modeste, et l'on vous
permettra de vivre dans un coin du royaume,
pourvu que vous n'écriviez ni ne parliez ; ce
n'est pas que vos écrits soient dangereux ; mais ils
sont impertinens.

Ils ont été dangereux lorsque les sourds et
les aveugles abondaient ; mais ils se sont dissipés,
il n'y a plus que des clairvoyans.

Il y a dans votre âme un levain de républica-
nisme qu'il est impossible d'atténuer ; vous avez
beau lui donner le nom de liberté, ce n'est qu'un
germe républicain, incompatible avec nos usages,
nos mœurs et notre trop grande étendue de ter-
rein. Vous voyez depuis vingt-six à vingt-sept
ans les troubles que les beaux discours et les menées sourdes de vos pareils, comme les menées
publiques et toutes vos manœuvres enfin ont
produits, et combien d'hommes elles ont détruit. L'ordonnance du Roi, du 24 juillet der-
nier, aurait dû vous engager à vous tenir en repos ; car elle ne fait que vous comprendre dans
la liste de ceux qui doivent rester hors de Paris,
où vous êtes venu malgré cet ordre, sous la
surveillance du ministre de la police, tandis
qu'elle aurait pu vous joindre de suite à Labé-
doyère et Ney, etc. : j'en ai tremblé pour vous.

Vous continuez à vous défendre avec de fausses allégations et des impostures ; vous n'avez pas d'autres armes ; vous vous défendez comme un lion avec des armes trop frêles pour votre position ; car la vérité est toujours là, qui vous dit : tu en as menti.

Vous avez trouvé que l'article 4 de l'ordonnance du Roi dérogeait à la Charte constitutionnelle ; vous avez l'air d'un Don-Quichotte à cheval sur cette Charte, qui vous battez avec les moulins à vent ; et cela est d'une grande inconvenance, car le temps de la chevalerie est diablement éloigné : vous voulez le faire revivre dans un instant où vous avez tout fait pour l'abolir. Vous avez détruit l'esprit chevaleresque pour y substituer des lois atroces, que chacun interprétait à son gré ; l'un faisait valoir tel article, l'autre le détruisait : ainsi alternativement, incertitudes, combats, démêlés qui ont duré plus de vingt ans, qui auraient duré plus long-tems, si la providence et les alliés n'y eussent mis ordre. Le Roi vous a donné des lois simples et sages, convenables aux circonstances, aux tems, aux mœurs, en un mot, à la malice de l'espèce humaine, qu'on ne connaissait pas au règne du bon Henri. Vous vous cramponnez sur cet article 4, comme un chat sur une souris ; et vous croyez faire changer l'opinion qu'on a de vous! n'y comptez pas.

Vous avez besoin, dites-vous, de conserver l'estime...... Et de qui, s'il vous plait? De vos parens, dont la moitié vous abhorre, de cinq à six fous qui vous ressemblent; vous appelez cela le public: il n'est pas considérable ce public, et l'éternuement seul de trois ou quatre honnêtes gens le renverserait, ainsi que vous, comme une file de capucins de cartes.

Et vous osez dire que vous avez travaillé jusqu'à la fin au bonheur de votre patrie! Ce n'est pas la peine de faire sonner le mot de patrie : votre patrie est tout uniment votre individu, et six ou sept personnes qui pensent comme vous et vous supportent.

Et vous ajoutez : *Pourquoi, parmi tous les ministres à porte-feuille de Buonaparte, et parmi tous les membres de la commission du gouvernement, suis-je le seul compris dans l'ordonnance du 24 juillet?*

C'est que vous êtes un être plus intéressant que les autres, et rare par toutes vos fourberies, qui ne valent pas celles de Scapin, ne vous y trompez pas, et que l'on veut distinguer de l'espèce humaine ordinaire. On vous regarde comme un homme qui tient un peu à l'espèce féroce et hargneuse , et vous vous croyez l'homme par excellence. Votre loyauté vaut celle de vos collègues, et celle de vos collègues vaut la vôtre ; mais vos prétentions sont surnaturelles.

Le salut de la France et de Paris n'a jamais dépendu de vous ni de vos collègues : dites plutôt qu'il n'a pas dépendu de vous de tout culbuter, et de vous rendre maître des destinées de cette France, jadis si florissante, avant qu'il fût question de la liberté que vous ramenez toujours sur le tapis.

Nous jouissions de toute espèce de liberté avant qu'il en fût question, et depuis qu'on ne parle que liberté, c'est une guerre continuelle parmi les individus ; c'est une pomme de discorde que le diable a apportée en France , qui nous minera jusqu'au dernier, si l'on n'y met ordre.

Envoyons à vau-l'eau la liberté et toutes vos inventions perfides pour troubler le genre humain, et retournons au bon tems d'Henri IV, sous son digne successeur , qui ne mérite point toutes vos tracasseries et vos folies inconstitutionnelles.

L'on peut voir où nous a menés la moindre indulgence : le Roi a cru ne pas devoir déplacer un homme qu'il croyait pouvoir lui être utile, qui avait eu l'air de le servir d'avance, et qui remplissait ses fonctions avec la connaissance de la situation des différentes lacalités. Sa Majesté a bien voulu s'étourdir sur l'odieux de sa conduite révolutionnaire ; aussitôt l'on voit réclamer la même indulgence par un homme diamétralement opposé à tout ce qui peut faire le bonheur des Français et nous ramener au tems heureux du bon Henri ; tems prospère que tout le monde desire, et non votre liberté ; qui n'a rien de la liberté, et qui est un prétexte pour tourmenter tous les individus. Comment voulez-vous trouver des partisans ? cela est impossible ; et comment pouvez-vous implorer l'indulgence du souverain ?

Vous réclamez contre la publication de votre premier Mémoire.

A qui voulez-vous faire croire que vous n'avez aucune part à sa publication ? Quand on ne veut pas qu'une chose paraisse, on ne la montre à personne et on la signe encore moins ; on la ferme sous clef : alors si elle paraît on dénonce les gens qui ont forcé la serrure. Vous n'êtes pas un habile menteur ; c'est dommage, car vous en usez souvent du mensonge , et toutes vos impostures paraissent au premier abord. Tenez-vous donc tranquille , ne parlez plus , écrivez encore moins ; car ce n'est que pour mentir que vous faites l'un et l'autre. Votre plus grand grief est le mensonge : votre opinion fole et extravagante , sur votre mérite est encore un tort incroyable. Taisez-vous et attendez patiemment le sort qui vous est destiné , et je crois que vous-y gagnerez.

Vous avez craint, dites-vous, de vous mettre en opposition avec le ministre de la police, qui avait donné , selon vous, 1500 francs d'encouragement au libraire pour distribuer votre premier Mémoire : vous pouviez lui en parler , puisqu'il était votre ami, votre collègue et votre censeur en même tems. Que ne l'avez-vous écouté? Il vous a dit assez souvent : Tu n'es qu'une bête : tais-toi. Il vous aimait en vous parlant ainsi, vous avez eu tort de ne pas l'écouter ; et d'ailleurs vous n'étiez pas assez éloigné pour ne pas vous en expliquer avec lui ; vous voyez que votre défense à ce sujet aurait été beaucoup meilleure en vous taisant sur cet article comme sur tous les autres.

Vous parlez des changemens faits dans votre Mémoire par les libraires ; mais ils n'ont été faits que par vos ordres; vous avez trouvé là un singulier moyen de réparer les gaucheries que vous avez pu y glisser, en disant que si c'eût été vous qui l'eussiez fait imprimer, vous n'y auriez pas laissé subsister des contre-sens et des lacunes que beaucoup de gens ont critiqués et dénigrés, ce qui lui a donné tant de célébrité. Et ce sont précisément les gens que vous aviez chargés de le dénigrer, afin de le faire disparaître, et par-conséquent desirer davantage, et le faire valoir. Ce sont des manœuvres connues dont vous n'êtes pas l'inventeur; mais personne n'en est la dupe.

Votre lettre à votre collègue le ministre de la police annonce que vous aviez peur que le Roi ne trouvât votre exposé trop tranchant, et qu'il ne lui prît fantaisie de faire trancher votre tête tranchante. Voilà tout ce qu'elle nous apprend, ou plutôt tout ce qu'elle signifie; car elle ne nous apprend rien sur votre amour-propre. C'est bien avec vous qu'on ferait un bon marché à Smirne, vous ayant acheté ici ce que vous valez, et vous allant vendre ce que vous croyez valoir.

Vous dites que *tout ce qui avait pris part à la révolution était voué à la proscription, me-*

*nacé dans son honneur, dans ses propriétés,
dans sa vie, etc.*

Qui avait fait courir tous ces bruits qui
n'avaient aucun fondement, et qui provenaient
des malveillans de votre secte, qui cherchaient à
soulever le peuple? Y a-t-il eu nulle part une
réaction sur ceux qui avaient acquis des biens
d'émigrés, soutenue par les agens du gouvernement? Y a-t-il eu des ordres donnés à quelqu'un des acquéreurs de rendre ce qu'il avait
acheté? Peut-être dans la Vendée, qui était le
canton le plus royaliste, y a-t-il eu quelques
curés qui ont prêché la restitution de ces biens,
quelques nobles qui auront réclamé ou qui
se seront peut-être emparé de quelques pièces
de terre acquises de ce genre; mais ils n'y
ont certainement pas été autorisés d'aucune
manière par les agens du gouvernement. Il était
donc inutile d'accréditer des bruits vagues et
dénués de vraisemblance; et les membres de
l'assemblée ont dû prévenir les suites fâcheuses
de ces faux bruits que vous nommez despotisme
ministériel, n'osant pas dire, mais le pensant
bien, que c'était le despotisme royal qui agis-
sait, tandis qu'il n'a jamais existé. Vous n'eussiez pas osé, sous le despote Buonaparte, en
faire autant, malgré votre arrogance; car je ne

connais pas d'homme plus faible que vous, ni plus arrogant quand il croit pouvoir oser l'être.

Cessez-donc vos incartades et vos accusations ministérielles qui tendent toutes à dire que le Roi ferme les yeux sur cet objet et l'abandonne à ses ministres : langage criminel qui doit offenser le Roi et lui donner de l'humeur, vu ses intentions pures et bienfaisantes.

Ce ne sont pas ceux, dites-vous, *qui enfreignent les lois dont l'exécution leur est confiée, qui sont coupables, ce sont ceux qui se plaignent de l'infraction avouée ; ce ne sont pas ceux qui oppriment, mais ceux qui jettent un cri lorsqu'ils se sentent opprimés.*

Tous ceux qui jettent un cri arrogant, comme vous le faites, meritent non-seulement d'être appréciés, mais ils méritent d'être punis, parce que vos cris prétendus de douleur sont des cris de malveillance qui appellent au secours la troupe révolutionnaire ; et toutes vos phrases en général sont insultantes, témoin la suivante.

« Croyez-vous que si ce Mémoire eût été répréhensible, j'en eusse été quitte pour des injures des journalistes ? »

Voilà votre arrogance qui perce toujours d'instant à autre à travers quelques phrases insi-

gnifiantes, mais toujours malhonnêtes et injurieuses au Roi, qui n'a pas sévi contre vous dès
vos premières impertinences.

*Pourquoi faut-il que ce soit presque toujours
ceux qui font entendre des vérités salutaires,
qui sont en haine aux agens du pouvoir, tandis
que les apôtres du mensonge, pourvu qu'ils
sachent emmieller leur coupe empoisonnée, en
sont favorablement écoutés ?*

Vous devriez donc être bien écouté, car vous
êtes un emmielleur aussi, mais pas assez pour
que le mensonge ne montre pas, non-seulement le bout de l'oreille, mais la figure entière ;
et cependant je ne crois pas qu'il y ait personne
qui emploie le mensonge aussi souvent que
vous, car tous vos Mémoires ne sont pleins que
d'impostures : il faut que vous comptiez furieu-
sement sur l'aveuglement de ceux qui prennent
la peine de vous lire.

*Vous avez parlé le premier, dites-vous ; lors-
qu'il pouvait y avoir quelque courage à le faire.*
Amour-propre ou imposture font presque tout
le contenu de vos ouvrages ; vous y célébrez
vos actions et voulez en faire des actes d'héroïsme, ou bien vous ajoutez des faussetés que
vous donnez pour des vérités, auxquels personne ne croit. Vous avez parlé toujours un

peu à tort et à travers , et contrarié très-souvent les actes sages et bienfaisants du Roi, et cela , parce que le gouvernement de Buonaparte vous plaisait , et vous avez appuyé sur le bonheur d'en jouir de préférence au gouvernement légitime qui vous déplaît et que vous voudriez voir encore s'écrouler.

Pag. 17. Vous jurez et protestez que vous n'avez jamais rien fait pour faciliter le retour de Buonaparte ; mais vous l'avez applaudi ; il ne vous a pas consterné, comme le reste des Français. Vous l'avez vu avec grand plaisir , puisque vous avez été chez lui , le lendemain de son arrivée, lui faire votre compliment. Il est impossible de faire un compliment à Buonaparte , sans prouver son animadversion pour Louis XVIII. C'est lui qu'il fallait préférer, et pour qui devaient être tous les vœux : on ne peut conserver pour l'un et l'autre le même attachement, sous le prétexte de la patrie. Le Roi et la patrie ne sont qu'un ; la patrie sans le Roi est un corps sans âme, et, de tout tems, dans l'univers , on a toujours prononcé le Roi et la patrie , et le Roi prononçait mon peuple et la patrie. La patrie est partout où l'on est bien, témoin le proverbe (*ubi bene, ibi patria*). Mais, preuve que la patrie est un mot, je ne dirai pas vuide de sens , mais qui n'a aucun sens déterminé , c'est que vous faites la vôtre d'un Buonaparte et cinq à six de vos semblables ; les poëtes et les anciens n'auraient pas tant fait sonner ce mot et ne l'auraient pas divinisé, s'ils avaient connu la vôtre. Vous l'avez anéantie la patrie ; ce mot n'a plus l'acception qu'il portait dans les tems d'héroïsme et de vertu. Les patriotes l'on salie : il semble actuellement que la patrie soit un refuge de brigands, depuis qu'elle est devenue votre prétexte à tous les maux que vous avez fait. Ce mot ne se relèvera jamais de l'échec que lui a donné la révolution , et les poëtes ne diront plus :

A tous les cœurs bien nés que la patrie et chère !

Chacun prendra son champ , sa société, l'intérieur de sa maison pour sa patrie ; mais toujours on chérira le Roi, et sur-tout celui dont nous jouissons. Vous vous trouvez dans une contradiction complette , quand vous mettez toujours en avant la patrie contre le Roi, en citant à tout propos la Charte , qui ne peut vous former un point d'appui. Elle n'a pas été faite pour vous cette Charte ; en vain vous la réclamez ; elle a été donnée par un bon Roi pour un bon peuple, dont vous ne faites pas nombre : c'est une convention sage entre le Roi et son peuple ; et qui s'en plaint ne peut en jouir.

D'après vos sermens, on ne vous taxera pas d'avoir donné la main au retour de Buonaparte : l'on s'en doutera seulement ; mais l'on pourra vous taxer de lui avoir donné la main à son arrivée.

Pag. 18. M. de Roman, que vous citez, a eu une confiance en vous que vous ne méritiez pas ; et votre visite à Buonaparte, le lendemain de son arrivée, n'a pas dû rassurer le personnage que vous citez bien hardiment, et peut-être sans sa permission ; car personne n'est flatté de vous connaître, et personne ne s'en vante. Quant à moi, je ne connais que vos écrits, et vous l'avez affiché par votre citation. Vous ne respectez rien ; votre tête folle et extravagante vous mène comme un aveugle, et vous fait confondre l'honnête homme avec le renégat. Toutes vos négations et vos sermens ne m'auraient pas persuadé, comme ils ne me persuadent pas encore : tous mauvais cas sont niables, et vous en profitez jusqu'à ce que l'on vous confonde.

Pag. 20. Vous alléguez, pour preuve de votre bonne conduite, votre opposition à l'élévation de Buonaparte au trône ; vous parlez là

d'un tems bien éloigné, où cette élévation contrariait vos projets de domination, dont vous
aviez connu un cinquième de jouissance, et
que vous possédiez encore lors de l'établisse-
ment du Consulat, après en avoir joui déja
longtems avec Robespierre, dans le comité pré-
tendu de salut public, et que vous y étiez son
complice, son complaisant ou son émule; vous
avez joui avec un sang froid étonnant de toutes
les horreurs émanées de ce trône; et, depuis
le Directoire, vous nous citerez votre renvoi
du ministère de la guerre sous Buonaparte,
que vous êtes venu retrouver ou qui vous a
rappelé, l'un vaut l'autre, et tous vos moyens
de reconciliation employés; vous vous êtes livré
à ce monstre qui a dépeuplé la terre, et avez
travaillé pour lui contre Louis XVIII, que vous
auriez dû regretter et voir revenir tôt ou tard
sur un trône qui lui appartient et qu'il n'enlève
à personne.

Comment peut-on seulement oser faire une
comparaison pareille? C'est un crime de comparer un souverain à un fripon d'usurpateur,
et qu'on se vante encore de s'être opposé éga-
lement des deux côtés aux actes de ces diffé-
rens gouvernemens.

Et qu'est-ce que cela prouve? Que vous êtes

un frondeur et un mauvais sujet , une fois plus
à craindre qu'un assassin ; si vous n'assassinez
pas, vous travaillez à faire assassiner : vous êtes
comme le bourreau, qui n'exécute pas , mais
fait exécuter , parce qu'il a des valets qui con-
naissent son métier. C'est là votre rôle ; vous
vous en flattez et vous en targuez ; c'est une
monstruosité. Vous avez l'air de vouloir faire
une guerre ouverte au Roi, qui a la bonté de
le souffrir et de vous regarder comme un frélon
qui veut le piquer ; et vous conservez ce rôle ,
qui vous plaît, parce que vous imaginez que
cet entêtement vous fait honneur ! Vous prenez
cela pour du caractère ; mais c'est de la bêtise ,
ne vous y trompez pas , qui fait horreur à tout
le genre humain.

Et vous dites que vous ne voulez pas faire
parler de vous ! Mais on en parlera , et on s'en
garantira comme d'une bête enragée.

Et vous imaginez que le Roi doit vous céder
sur des extravagances , parce que Buonaparte a
eu l'air de le faire , je ne sais par quel motif.
D'ailleurs , qui se ressemble s'assemble ; et ,
dans la terreur ainsi que dans sa tourmente , il
a eu besoin de mettre en jeu un révolutionnaire
outré ou entêté.

Et cela , vous enhardit pour tourmenter un

souverain qui ne s'occupe que du bonheur de son peuple. Non-seulement vous froudez, mais vous excitez les autres à le faire, en disant : J'ai usé du droit de parler, qui doit appartenir à tout citoyen. Cela n'est pas vrai : un sujet doit supplier et jamais ne parler qu'avec permission, et sur-tout parler comme vous le faites.

C'était bon avec un forcené de votre genre, vis-à-vis duquel vous n'auriez osé, et non avec un souverain digne de l'être, qui a toutes les qualités requises, et, de plus, à qui seul appartient le trône que vous voudriez encore ensanglanter.

Pag. 21. Vous croyez avoir racheté toutes vos extravagances en disant : *Je n'en ai pas moins fait profession, dans tous les tems, de me soumettre au gouvernement ;* et ajouter encore : *C'est ce que Napoléon savait.*

Il ne peut y avoir d'autre gouvernement que celui de Louis XVIII ou de sa famille, qui est reconnu de toute la terre, de tous les souverains et de tous les peuples ; tout autre gouvernement est une usurpation, et c'est un crime au premier chef d'y donner la main et de citer toujours Napoléon en opposition avec le Roi.

Si vous n'avez jamais paru dans aucune conspiration contre Buonaparte, c'est que vous l'aimiez et que vous admiriez toutes ses actions, que vous auriez voulu placer au-dessus des conquêtes d'Alexandre, tandis que ce n'était qu'un scélérat, de l'approbation duquel vous vous targuez, parce qu'il a dit que vous étiez incapable de trahison : la trahison n'est pas un crime quand elle décèle le crime.

> Que trahir un méchant n'est point réputé traite ;
> C'est un homme de bien qui fait un coup de maître.

Il y a dix-huit cents ans que cette sentence a été prononcée chez les Romains, et a fait cesser les troubles de Rome assez longtems.

D'ailleurs, votre comparaison est une insulte faite au trône, et c'est un crime dont vous vous rendez coupable bien souvent, et trop pour votre repos. Toutes vos phrases sont injurieuses et point persuasives, parce que votre cause est mauvaise.

Vous voulez légitimer vos actions, et, pour cet effet, vous légitimez le règne de Buonaparte et faites encore son éloge : il est aisé de voir que vous aviez effectivement cru que les alliés ne reviendraient pas.

Pag. 23. Vous impliquez encore dans toutes vos sottises l'empereur d'Allemagne et tout le congrès. Vous espériez sans doute avoir une voix prépondérante dans le choix du gouvernement, et vous espériez peut-être suivre les traces de Buonaparte, en vous faisant déférer la régence, ou le trône, comme Sixte-Quint qui dit, au milieu des troubles : *Ego sum papa*, comme a fait aussi Buonaparte, avec un peu plus d'alentour et un peu plus de tems. Désistez-vous de pareilles idées ; vous auriez été assommé sur l'heure ; mettez-vous donc bien dans la tête que vous êtes détesté de tout ce qui respire, excepté de votre patrie, composée de sept à huit enragés comme vous. Je suis étonné que les chiens ne hurlent pas quand ils vous rencontrent, et qu'ils ne sentent pas le défenseur de Buonaparte, qui voudrait régner après lui et culbuter tout ce qui existe.

Vous avez cru vous justifier en faisant l'éloge de Buonaparte, et vous voulez que le Roi vous pardonne ou plutôt vous applaudisse ! car vous n'annoncez pas aucun repentir et ne demandez pas grâce. Il faut avoir perdu la tête pour croire se justifier en citant et vantant tous les beaux et sublimes projets de Buonaparte : il est dommage que Fouché ne se trouve pas là pour vous répéter : « Retire-toi, tu n'es qu'une bête. » Pour le coup, il n'aurait jamais mieux dit la vérité, et plus évidente, car vous deviendrez fou ou imbécile, et toutes vos bêtises me font frissonner d'horreur. J'avais entrepris de vous défendre, mais cela est impossible; vous êtes trop bête : la colère prend la place de l'indulgence ou de la pitié.

Si j'étais roi, je vous ferais enfermer dans une cage de fer, sans serrure ni cadenas, gardée par cinquante hommes, qui la promenerait dans tout l'univers, afin que tout le monde pût éprouver le sentiment d'effroi et d'horreur qu'inspire un monstre tel que vous, et j'y joindrais, avec la permission des alliés, le tigre Buonaparte et la panthère Carnot.

Et vous ajoutez que vous avez ouï dire que dans les discordes civiles, il n'y a point de coupables mais des vainqueurs et des vaincus; et c'est à l'abri de ce raisonnement que vous vous évertuez et dites toutes les turpitudes que vous pouvez imaginer; il n'est plus question, monsieur le docteur, de discordes civiles dans le moment; il s'agit d'un souverain légitime, inviolable et sacré que vous mettez toujours en opposition avec un scélérat dont vous voudriez faire reconnaître la légitimité, et vous vous rabattez sur la patrie pour appuyer vos sottises.

La patrie marche avec le Roi, mais toujours

le Roi en tête ; point de patrie sans chef suprême :
ce sont des hordes de sauvages.

J'ai effectivement vu des discordes civiles
dans les tribunaux au tems infâme de la révolution ; et j'ai vu les deux armées en présence,
qui étaient les criminels et les juges qui com-
battaient en paroles comme dans les discordes
civiles, et il y avait des instans où il eût été
difficile de juger de quel côté serait la victoire ;
c'est sans doute à cette époque que vous avez
entendu dire qu'il n'y avait point de coupables
dans les discordes civiles, mais des vainqueurs
et des vaincus.

Pag. 30. Plus je lis votre Exposé, et plus vous
remuez ma bile ; et je finirais là si je ne voulais
encore combattre vos mensonges et votre bonne
opinion de vous-même. Vous peignez un moment de crise où vous prétendez avoir été d'un
grand secours.

Dites-donc un trouble-fête ; car les puissances
amenaient notre Roi, et c'en était assez pour
mettre bas les armes après la fuite de Buonaparte,
qui a souvent usé de cette manœuvre : c'était
son genre de retraite, et vos moyens de défense
à cette époque étaient autant d'offenses au Roi et
aux alliés. Ainsi, taisez-vous à ce sujet pour lequel
vous bavardez au-delà des bornes.

Pag. 31. On vous a , dites-vous, fait complice de Robespierre, et on a eu raison ; car vous ne pouviez être que son complice, ou son complaisant, ou son pendant ; autrement, son digne émule : et votre défense à ce sujet est encore une absurdité, puisque vous nous donnez pour preuve du contraire votre rappel parmi les députés et votre nomination au directoire dans un tems où régnait la canaille. Voilà un bel éloge que vous faites de votre personne ! c'est bien alors que vous étiez un des Rois de la canaille et la canaille des Rois.

Toutes les accusations faites contre vous sont de bon aloi, et vous n'avez d'autres moyens de les repousser qu'avez des faussetés , et chercher par là à masquer vos sottises. Vous ne faites plus que balbutier, votre tendre attachement pour Buonaparte sort par tous vos pores et barbouille votre brochure comme un linge sale de garde-robe.

Vous êtes le seul accusé, dites-vous ; c'est que vous êtes le seul qui vous glorifiez de vos sottises, et croyez avoir fait les plus belles choses : les autres se taisent et montrent la honte qu'ils ont d'avoir joué pareil rôle.

Ne faites pas tant de détails de tous vos moyens

de défense qui ne sont que des offenses et autant de retard à notre bonheur commun ; et ce n'est qu'un étalage de théorie dont vous ne connaissez aucunement la pratique.

Il manquait à toutes vos sottises de placer Henri IV au milieu des assassins et des bourreaux pour vous comparer à lui ; s'il vivait, il aurait un furieux regret d'avoir été cité par un homme tel que vous. Jusques à vos comparaisons, tout est atrocité et mensonge.

Vous n'avez rien de mieux à faire, si vous ne voulez pas profiter de la retraite que j'ai conseillé au gouvernement de vous donner à Bicêtre dans un salon de quatre-vingts pieds en tous sens, tapissé en pierre de taille, bâti exprès pour vous pour y vivre avec votre secte, que d'aller rejoindre votre ami Buonaparte, et l'engager à s'enfermer avec vous dans la cage de fer pour aller effrayer tous les coins de la terre, ou de vous enterrer tout vif, et sur-tout de vous taire jusqu'à ce que vous ne respiriez plus : en un mot, couchez-vous et faites le mort si vous ne voulez pas qu'on vous assomme.

Voici la récapitulation de toutes vos citations sur la bizarrerie que vous prétendez exister dans les évènemens de votre vie politique :

J'ai partagé, avec mes collègues, le bonheur de sauver Paris, et par un coup d'état, je suis exilé de Paris.

Dites donc : j'ai eu le bonheur de me sauver comme Paris, malgré mes fanfaronnades, et non pas de sauver Paris, qui n'a été en danger que jusqu'à l'instant où Buonaparte a pris la fuite. Il n'avait plus besoin de défense après son départ, puisque les alliés venaient pour le sauver et le remettre entre les mains de son vrai maître, que vous n'avez pas voulu reconnaître, et que vous ne reconnaissez pas encore ; Paris n'avait besoin que d'être tiré des griffes de Buonaparte pour être sauvé.

Rappelez-vous, je vous prie, de cette phrase page 27 de votre Exposé : *Dans les crises d'état il peut y avoir pour chaque particulier un moment d'incertitude sur le parti qu'il doit prendre ; il peut hésiter ou choisir entre les opinions sans se rendre criminel ; bientôt la grande majorité se prononce ; alors si la minorité s'obstine dans son opposition, ce n'est plus qu'une faction.*

Voilà votre condamnation prononcée par vous-même ; vous n'êtes plus qu'un factieux, et un factieux qu'ils faut punir parce qu'il sont dangereux. Si on les avait punis avant le jugement de Louis XVI, Louis XVI n'aurait pas péri ; car ce sont les factieux qui l'ont emporté et non la majorité naturelle.

Je me suis chargé de la haine de Napoléon pour m'être opposé seul à son avènement au trône des Français ; je suis du très-petit nombre de ceux qui n'ont jamais brûlé d'encens sur ses autels, et l'on me compte parmi ceux qui ont conspirés pour le rétablir sur le trône.

Vous faites toujours sonner votre opposition à l'avènement au trône où visait Buonaparte : vous voudriez qu'on vous en sût gré ; mais c'est votre haine pour les têtes couronnées qui vous y a invité, mais ce n'est pas votre amour pour Louis XVIII ; de plus, cet avènement contrariait vos projets de domination.

Je me suis plaint au Roi des infractions que les agens de son pouvoir se permettaient de faire à la Charte constitutionnelle qu'il nous avait donnée, et l'on prétend que ces plaintes sont un outrage fait à Sa Majesté.

Sans doute c'est un outrage : il appartient bien à un homme qu'on laisse vivre, et sur-tout à un homme de votre genre, de faire des représentations au Roi sur une chose que vous voulez toujours établir à votre gré. Votre obstination seule mérite une punition.

Pag. 5o. J'ai toujours fait profession de me soumetire au gouvernement établi, et l'on me dépeint comme un factieux qui ne m'occupe qu'à marcher de révolution en révolution.

Vous avez au contraire toujours frondé tous les gouvernemens autres que celui que vous aviez voulu créer et en occuper le trône ; certes ouï, vous courez de révolution en révolution pour pouvoir attrapper la prépondérance ; ce qui sûrement n'arrivera pas, je l'espère : tout le monde courrait sur vous.

Je fus le plus mortel ennemi de Robespierre, et l'on me fait passer pour son complice ; je me suis mis sur la brèche pour empécher les réactions, et l'on me fait passer pour avoir cherché à les favoriser.

La réponse au premier article est connue, et l'on ne doute pas que vous n'ayez donné les mains à toutes les réactions, parce qu'il vous fallait des troubles pour arriver à votre but.

J'ai passé les jours à seconder les opérations des armées, et l'on me représente comme occupé pendant ce tems à dresser des listes de proscriptions ; dans mes nombreuses missions, je n'ai jamais ordonné de mon chef une arres-

tation, et l'on fait de moi un proconsul san-
guinaire.

On ne seconde pas, simple individu, les opérations des armées; ce sont les opérations des armées qui secondent les vues et les ordres d'un général habile qui les dirige; cela veut dire que vous vous donnez les gants des bonnes opérations qu'elles ont pu faire; mais l'on sait qu'en penser; et toutes les listes de proscriptions n'ont pu sortir que de vos mains et de celles de vos collègues. Vous n'avez jamais ordonné d'arrestation publiquement. C'était là votre science et votre finesse pour fasciner les yeux aux honnêtes gens et vous les rendre favorables. On vous a taxé de sanguinaire à juste titre, et de plus un homme-plein de son mérite et qui se croit encore un être surnaturel, qui frondait tout et ne trouvait rien de bien que les choses émanées de lui, comme il voudrait faire encore.

Je me suis constamment montré l'ennemi des conquêtes; je ne voulais pas même, dans notre plus grande prospérité, qu'on fût jusqu'à la limite du Rhin, et l'on assure que je ne voulais que guerre, invasion et bouleversement des états.

Vous voyez qu'à force de bavarder on ne sait ce que l'on dit : qui veut trop prouver ne prouve rien, et vous y voilà parvenu ; car à quelle limite vouliez-vous donc vous réduire ? Le Rhin est notre limite naturelle, vous vouliez-donc rétrograder au lieu de vous porter en avant ? C'est que sans doute vous vouliez céder l'Alsace et la Lorraine à l'empereur d'Allemagne. Vous nous procuriez un grand avantage effectivement, et l'on ne peut pas mieux prouver qu'on a la tête perdue à force d'écrire des sottises et des impostures comme celle par laquelle vous vouliez prouver, dans votre premier Mémoire, que les émigrés seuls étaient la cause de la mort de Louis XVI.

Je n'ai jamais sollicité ni places, ni faveurs ; c'est toujours malgré moi que je me suis vu appelé aux grandes fonctions publiques, etc.

Vous nous prenez pour des Iroquois et des aveugles en parlant ainsi ; vous les desiriez, du moins. C'est donc le hasard qui vous y a conduit, et cela pour se moquer de vous et vous faire croire que vous êtes le premier homme du monde ? Nous dirons comme Voltaire au père Adam : « Ce n'est pas le premier homme du monde. »

Votre conscience doit vous en dire autant tous les jours : quant à votre fortune, personne ne s'en est occupé ; mais je crois très-fort qu'elle est augmentée, ne fût-ce qu'en bonne opinion de vous-même.

J'ai offert mes services au chef de l'état dans un moment où le salut de la patrie était presque désespéré, et l'on a dit que c'était par ambition.

Personne n'a eu l'esprit de voir que c'était l'amour de la patrie qui vous échauffait : vous avez fait les plus belles choses à Anvers, et tout le monde s'est plaint de votre domination, qui est pourtant bien voilée ; il faut être sorcier pour vous attaquer sur ce point, car vous êtes d'un désintéressement et d'une humilité rare ; et cependant, tout le monde s'est réjoui de votre départ. Et cette séparation n'a coûtée qu'à vous seul, parce que vous étiez despote et vous faisiez abhorrer.

Vous cultivez les sciences et les lettres, et l'on a dit que vous vouliez désorganiser l'instruction publique ; et l'on a dit encore, ce que vous n'ajoutez pas, que vous réussiriez beaucoup mieux à cultiver des chardons pour votre consommation particulière, et je gage que c'est votre ami Fouché qui l'a dit.

« J'ai idolatré ma patrie, et peut-être bientôt je serai forcé de solliciter de la générosité des princes étrangers, un asile dans leurs états, » que vous n'obtiendrez pas : il faut user de celui qu'on vous offre de quatre-vingts pieds en tous sens, et vous pourrez encore idolâtrer votre patrie que vous y joindrez.

Vos amis, vos parens, et tout être à idée révolutionnaire, prenant part à vos malheurs, feront votre société, et y jouiront de votre cœur impur.

J. P. P. D. E. D. capitaine de cavalerie, chevalier de Saint-Louis.